AF358330

RÉPUBLIQUE FRANÇAISE.

MINISTÈRE DU COMMERCE ET DE L'INDUSTRIE.

COMITÉ CONSULTATIF D'HYGIÈNE PUBLIQUE DE FRANCE.

MÉMOIRE

SUR

UNE MISSION FAITE EN 1884

POUR L'ÉTUDE DES EAUX MINÉRALES

DE LA TURQUIE D'EUROPE,

DE LA TURQUIE D'ASIE ET DE LA GRÈCE,

PAR

M. LE Dr BRACHET,

MÉDECIN À AIX-LES-BAINS.

(EXTRAIT DU TOME XVI (ANNÉE 1886) DU RECUEIL DES TRAVAUX DU COMITÉ CONSULTATIF D'HYGIÈNE PUBLIQUE DE FRANCE ET DES ACTES OFFICIELS DE L'ADMINISTRATION SANITAIRE.)

PARIS.

IMPRIMERIE NATIONALE.

M DCCC LXXXVII.

Séance du 25 octobre 1886.

EAUX MINÉRALES.

EAUX MINÉRALES ÉTRANGÈRES : TURQUIE D'EUROPE, TURQUIE D'ASIE
ET GRÈCE. — MÉMOIRE DE M. LE DOCTEUR BRACHET, MÉDECIN
À AIX-LES-BAINS, SUR UNE MISSION D'ÉTUDE EN 1884.

M. le Dr A. Proust, *rapporteur*.

M. le docteur Proust rend compte d'un mémoire présenté par
M. le docteur Brachet, médecin consultant près la station thermale d'Aix-les-Bains (Savoie), sur la mission dont il a été chargé
en 1884 par M. le Ministre du commerce pour l'étude des eaux
minérales de la Turquie d'Europe, de la Turquie d'Asie et de la
Grèce.

En raison de l'intérêt qu'offre ce mémoire, le Comité exprime
l'avis que l'insertion en soit faite au Recueil de ses travaux et des
actes officiels de l'Administration sanitaire :

I. — BULGARIE ET ROUMÉLIE ORIENTALE.

Pour me rendre en Turquie, j'ai dû, évitant les quarantaines de la mer
Noire, traverser les Balkans.

Ce voyage, réputé autrefois difficile et même dangereux, est aujourd'hui
des plus simples.

Cette chaîne immense est formée de montagnes peu élevées; elle présente à
chaque pas des dépôts de roches volcaniques, surtout sur le versant qui s'étend
vers la mer Noire et le Bosphore.

C'est dire que les sources minérales thermales et sulfureuses y sont en
grand nombre. Je ne ferai que mentionner celles de Novi-Bazar, de Hurtendill,
d'Aïdos, de Vasililaa et enfin de Sophia.

Dans toute l'antiquité, les sources minérales de l'Hémus jouissaient d'une
réputation justement méritée. Ces pays ont été tellement bouleversés qu'on a
cessé de les exploiter.

Dans la Servie et la Bosnie, on rencontre beaucoup d'eaux acidules froides,
mais rien n'a jamais été tenté pour rendre leur usage possible.

Les Turcs, qui ont plus ou moins dominé dans ces contrées, y ont porté leurs habitudes et leur culte pour les eaux thermales seulement; mais tout y est aussi primitif que possible.

Sophia, qui est peut-être en voie de devenir la capitale de l'Orient slave, possède plusieurs sources thermales sulfureuses abondantes. Déjà on a créé quelques piscines et quelques bains de vapeur assez propres dans l'établissement situé sur une petite colline à 5 kilomètres de la ville.

Bien des familles riches la quittent durant plusieurs mois d'été et s'installent dans les kans du voisinage des sources. Là, comme dans le reste de l'Orient, la nature a tout fait, il ne reste plus à l'homme qu'à suivre le courant intellectuel et pratique qui lui arrive d'Occident.

Espérons que la guerre et les complications politiques auront simplement retardé l'exécution du chemin de fer qui doit relier Nitch à Philippopoli en traversant les Balkans.

Malgré l'obligeance de M. Flesch, notre consul, il m'a été impossible de trouver des analyses, ni aucune espèce de travail sérieux sur les eaux de Sophia et de ses environs.

Quelques aimables confrères promettaient de m'aider dans mes recherches; ces promesses n'ont pas été tenues jusqu'ici; au moment de mon passage, il existait en Servie et en Bulgarie une sorte d'irritation latente, une de ces fièvres patriotiques qui précèdent toujours les grandes commotions politiques; l'esprit n'était guère tourné vers les recherches scientifiques.

Je fus plus heureux en Roumélie et je pus de suite m'orienter pour prendre connaissance des quatre principales stations minérales : Hascowo, Tsirpan, Slyvno et Bourgas.

J'eus la bonne fortune de rencontrer à Philippopoli M. Naidenositch, chimiste de l'école de Paris, qui voulut bien mettre gracieusement à ma disposition ses recherches sur les principales eaux minérales de son pays.

Les quatre stations de la Roumélie sont très fréquentées par les riches négociants de Philippopoli, d'Andrinople et même de Constantinople.

Analyse des eaux thermales de Hascowo.

A une distance de deux heures de Philippopoli se trouvent des eaux thermales depuis longtemps connues et très fréquentées. L'examen des lieux où existent ces sources nous montre un terrain éruptif.

Le captage manque presque pour ces sources. Les eaux sont amenées par des conduits en pierre, mais exposés à l'air libre, jusqu'à trois grands réservoirs. Ces conduits sont tapissés d'une couche ocracée, dans laquelle l'analyse a constaté la présence de l'hydrate de sesquioxyde de fer imprégné de carbonates terreux et mélangé avec une petite quantité d'arsenic.

PROPRIÉTÉS PHYSIQUES DE L'EAU.

Limpidité........................ grande.
Couleur......................... incolore.
Odeur.......................... nulle.
Saveur.......................... nulle.
Température. .... 55°,6.
Toucher......................... aucune impression particulière.

ANALYSE QUALITATIVE.

L'analyse qualitative indique la présence des corps suivants :

BASES.	ACIDES.
Potasse...	carbonique.
Soude...	chlorhydrique.
Chaux...	sulfurique.
Magnésie..	silicique.
Oxyde de fer..	
Arsenic...	

ANALYSE QUANTITATIVE.

Un litre d'eau minérale de Hascowo contient :

Acide carbonique libre.................................	$0^{gr},0534$
Bicarbonate de soude..................................	$0 ,1663$
— de potasse...................................	$0 ,0889$
— de magnésie.................................	$0 ,3580$
— de chaux....................................	$0 ,2272$
— de fer.......................................	$0 ,0580$
Sulfate de soude......................................	$0 ,1845$
Chlorure de sodium...................................	$0 ,1723$

Le poids des résidus salins trouvé est de 1,571 par litre.

Analyse de l'eau froide de Tsirpan (source Meritzlère).

Propriétés physiques de l'eau :

L'eau possède une limpidité assez grande.

Sa saveur est saline amère.

Odeur : nulle.

Toucher : aucune impression particulière.

Propriétés chimiques (analyse qualitative) :

La réaction de l'eau au papier réactif est alcaline. L'analyse qualitative indique la présence des corps suivants : acide carbonique, acide sulfurique, acide chlorhydrique, soude, potasse, chaux, magnésie, oxyde de fer et silice.

ANALYSE QUANTITATIVE.

Un litre d'eau minérale de Tsirpan, source Meritzlère, contient :

Acide carbonique......................................	
Sulfate de soude......................................	$2^{gr},1128$
Chlorure de sodium...................................	$1 ,0021$
Bicarbonate de chaux.................................	$0 ,1455$
— de soude....................................	$0 ,8795$
— de magnésie.................................	$0 ,0600$
— · de potasse..................................	$0 ,2566$
Acide silicique.......................................	$0 ,0440$

Le poids du résidu salin trouvé par l'expérience est de 4,934 par litre.

Eaux thermales sulfureuses de Slyvno.

Propriétés physiques de l'eau :

L'eau répand l'odeur de l'hydrogène sulfuré ; elle a une teinte légèrement blanchâtre ; sa saveur est presque nulle ; elle a une impression douce au toucher.

Sa température est de $40°,6$.

Propriétés chimiques (analyse qualitative) :

Le papier réactif nous indique une réaction légèrement alcaline

L'analyse qualitative indique la présence des substances suivantes : acide carbonique, acide chlorhydrique, sulfhydrique, sulfurique, silicique, soude, potasse, chaux, magnésie, alumine, oxyde de fer.

ANALYSE QUANTITATIVE.

Un litre d'eau de Slyvno contient :

Acide carbonique libre.	$0^{gr},1084$
— sulfhydrique.	$0,0250$
Carbonate de soude.	$0,4922$
— de potasse.	$0,0321$
— de chaux.	$0,1253$
— de magnésie.	$0,1035$
Sulfate de soude.	$0,2595$
Chlorure de sodium.	$0,1222$
Alumine.	$0,0208$
Silice.	$0,0380$

Le poids des résidus salins est de $1,531$ par litre.

Analyse des eaux thermales de Bourgas.

A une distance d'une heure de Bourgas se trouvent des eaux thermales connues depuis longtemps, très en vogue. L'examen des lieux où existent ces eaux nous montre un sol éruptif. On y trouve aussi des roches également éruptives appartenant à la série pyroxénique.

La source principale est captée dans un mur en maçonnerie.

PROPRIÉTÉS PHYSIQUES ET CHIMIQUES DE L'EAU.

Limpidité.	grande.
Couleur.	incolore.
Odeur.	nulle.
Saveur.	nulle.
Toucher.	une impression douce au toucher.
Température.	celle de la bassine $41°,10$, et celle du réservoir $41°,2$.

L'eau a une réaction légèrement alcaline au papier réactif.

ANALYSE QUANTITATIVE.

Un litre d'eau de Bourgas contient :

Acide carbonique libre	0^{gr},02
— silicique	0 ,1835
Sulfate de soude	0 ,0806
Chlorure de sodium	0 ,2531
Carbonate de soude	0 ,0361
— de potasse	0 ,0194
— de chaux	0 ,1635
— de magnésie	traces.
Acide phosphorique	traces.
Oxyde de fer	traces.

Le poids des résidus salins par litre est de 0,64, dont 0,52 matières solubles dans l'eau et 0,12 matières insolubles.

II. — BROUSSE.

L'Asie Mineure présente sur les pentes occidentales de ses montagnes une infinité de sources thermales ou athermales dont la minéralisation ne le cède en rien à nos sources d'Europe.

Il est à regretter que leur exploitation soit primitive et qu'elles soient par conséquent peu connues ou peu fréquentées.

Le mont Olympe de la chaîne Keghich-Dagh fournit des quantités de sources minérales thermales. Les eaux de Brousse, dont la réputation est aussi grande en Occident qu'en Orient, nous intéressaient beaucoup. Tout Européen se trouvant à Constantinople doit visiter ce coin de l'Asie.

M. Jouaut a donné en quelques pages la photographie la plus exacte de Brousse, qu'il visitait quelques jours avant moi. Je ne dirai que peu de mots sur la traversée de quelques heures entre Constantinople et Moudania, qui est le port le plus rapproché d'Asie. C'est aux poètes et aux peintres de dépeindre la sortie de la Corne-d'Or, l'aspect du Bosphore, de Scutari, de Kadi-Keuï, de Stamboul. A eux d'esquisser ce voyage sur un vapeur turc, où sont entassés de pauvres musulmans en loques multicolores, de tout âge, de tout sexe. «Tout ce monde dort, fume, grouille sur le pont. Approchant midi, l'heure des ablutions, chacun se précipite vers la pompe du bateau et se livre à un nettoyage complet des mains, de la figure et des pieds. Puis quelques Turcs étendent leurs manteaux, leurs tapis, se mettent à genoux, le visage tourné vers l'Orient, et commencent la prière avec un recueillement que rien ne distrait. C'est un spectacle imposant que celui des hommes graves, convaincus, prosternés sur ce bateau dont ils font un temple mouvant, en face de l'immensité de la mer. Je défie l'esprit le plus sceptique d'éprouver aucun sentiment de moquerie : la conviction n'est jamais ridicule[1]. »

Après cinq heures de traversée, on touche au port de Moudania, d'où en quelques heures de voiture on arrive à Brousse.

Brousse a une large part dans l'histoire de l'empire ottoman, dont elle fut la plus ancienne capitale. Les bains de Brousse n'ont pas, comme la plupart

---

[1] *Annuaire du club alpin* (1884, p. 549).

de nos stations minérales d'Europe, leur histoire sous la domination romaine [1], mais les empereurs byzantins y installèrent des thermes, et sous leur règne ces eaux étaient très en vogue. La ville de Brousse, éprouvée au xie, au xvie siècle par des guerres incessantes, fut plusieurs fois incendiée. Un tremblement de terre produisit les plus grands désastres il y a une trentaine d'années. Il en résulta une altération dans la composition chimique des eaux. Cependant la minéralisation est suffisante encore pour fournir à la thérapeutique un de ses agents les plus puissants, les plus sûrs et, disons-le, des plus agréables.

Nous avons frappé à bien des portes pour avoir des renseignements exacts sur la valeur thérapeutique de ces eaux. Mais en Asie, comme à Constantinople, les opinions sont aussi différentes que les nationalités, les costumes et les religions.

Je n'ai trouvé qu'un sentiment universel, celui de l'enthousiasme et de l'admiration bien mérités pour l'Olympe, pour la vallée de Brousse qui n'a rien à envier à nos plus beaux sites des Alpes et des Pyrénées. Nous avons donc dû nous faire une opinion par l'examen consciencieux des eaux et du pays.

On a d'ailleurs peu écrit sur la station de Brousse. Le premier opuscule, publié en 1842, est dû au docteur Bernard, de Constantinople.

En 1874 apparaît une monographie avec quelques aperçus chimiques du docteur Rozycki, qui exerça trois ou quatre années à Brousse.

Enfin la dernière publication sur Brousse est due à Bonkowski-bey, chimiste distingué du sultan, ancien interne en pharmacie de Paris.

Bonkowski-bey a bien voulu nous communiquer ses travaux et ses analyses.

Les eaux thermales de Brousse sont très nombreuses et toutes émergent dans un périmètre de 5 à 6 kilomètres de rayon, ce qui rendra une installation balnéaire complète, facile et moins dispendieuse.

Bonkowski-bey divise les eaux de Brousse :

1° En sulfureuses;

2° En thermales indifférentes.

SULFUREUSES.

Source de Kulcurtlus.

Température 82° cent.
Contient par litre :

Gaz acide sulfhydrique libre	0^{gr},0014
— carbonique	0 ,1009
Bicarbonate de chaux	0 ,3625
Protoxyde de fer	0 ,0004
Chlorure de sodium	0 ,0855
— de magnésium	0 ,0365
Sulfate de soude	0 ,2760
— de chaux	0 ,0250
— d'alumine	0 ,0162
Matières organiques azotées	0 ,0231
TOTAL	0 ,9287

[1] J'ai cependant vu bien des monnaies romaines et plusieurs tombeaux romains

L'eau de Kulcurtlus, très abondante, fournit aux deux établissements de Bayuk et de Kulchuk-Kulchuk. Ce dernier est presque propre; on peut s'y loger. Dès le matin il est réservé aux hommes jusqu'à 10 heures et demie du soir (à la turque); depuis cette heure jusqu'au matin il est réservé aux femmes.

Le Kulcurtlus est moins bien aménagé.

Dans chacun de ces établissements on peut prendre des bains réfrigérés ou mitigés avec de l'eau naturelle, ou des bains turcs avec leurs indications et leurs contre-indications.

Les bains y sont trop chauds; quant au Boughoulou sudatorium, il m'est avis qu'on a tort d'y envoyer des maladies de gorge ou de poitrine dans lesquelles la fonction cutanée est déjà trop active. Mais on pourrait aisément installer des salles d'inhalation et de humage, grâce à la grande quantité de vapeur dont on dispose.

Source d'Yéni-Kaplidja.

La température est de 86° cent.

Gaz acide sulfhydrique	0^{gr},0022
— carbonique	0 ,1465
Azote	traces.
Bicarbonate de chaux	0 ,2785
— de fer	0 ,0006
Chlorure de sodium	0 ,1480
— de potassium	0 ,0190
— de magnésium	0 ,0860
Sulfate de soude	0 ,2742
— d'alumine	0 ,8255
Sulfure de calcium	0 ,0530
Silice	0 ,0145
Matières organiques	0 ,0275
Total	1 ,8757

L'établissement d'Yéni-Kaplidja ressemble à un bain turc de Constantinople. La grande salle de repos y est assez élégante; la piscine y est vaste et assez confortable.

THERMALES INDIFFÉRENTES.

1° Source de *Kara-Moustafa*, ainsi appelée du nom du grand vizir qui a créé l'établissement.

Température 57° cent.

La proportion de substances minérales est très minime. Refroidie, elle perd toute saveur particulière. Ici également on trouve le bain turc ordinaire, très bon comme hygiène, mais rien de thérapeutique.

2° *Tchekirghié.* — Cette source a été mal captée. Sa température est de

avec des inscriptions similaires aux nôtres. On les a trouvés dernièrement dans les mouvements de terrains nécessités par le chemin de fer. Mais j'ai vainement cherché des conduits en briques, types de la canalisation romaine comme ceux des bains de Caracalla et d'Adrien, et ceux moins célèbres déposés au musée d'Aix-lés-Bains

48 degrés. Je n'y ai constaté ni odeur ni saveur. L'analyse en est peu intéressante.

Eski Kaplidja.

Cette source d'eau, qui donne 10 millions de litres par vingt-quatre heures, est une des plus abondantes. L'établissement, de forme toute byzantine, contient le plus grand hammam et la plus belle piscine de Brousse. Les diverses analyses, la quantité énorme d'eau à chaque heure, semblent au premier abord une condition de plein succès et une source de richesses pour ce pays enchanté.

Il n'en est rien parce qu'il n'y a rien de fait, rien d'établi, parce que là comme ailleurs en Turquie le Créateur a tout fait; l'homme est resté dans une somnolence fataliste et passive. Il n'y a rien là où tout est facile. Je ne partage pas l'enthousiasme de mon ami Bonkowski-bey pour ce qu'il appelle des établissements.

On trouve à Brousse des bains turcs, des hammams comme il y en a à Péra, à Stamboul, dans tout l'Orient, comme il y en a d'ailleurs à Paris, à Londres, à Nice, avec de vrais masseurs orientaux. Il y a des baignoires primitives où l'on mitige l'eau trop chaude mais peu minéralisée avec l'eau du torrent; des cuves décorées du nom de piscines! L'eau est brûlante; j'ai subi, comme dans tout l'Orient, les pressions plus ou moins méthodiques ou fantaisistes du masseur. Je leur reconnais une grande souplesse et une grande agilité. C'est peut-être de l'art, ce n'est certainement pas de la thérapeutique. Qui oserait soumettre un malade tant soit peu pléthorique à un tel traitement? Quels sont les goutteux ou rhumatisants assez sûrs de n'avoir rien de cardiaque pour affronter de telles températures et de tels exercices?

«Les premiers constructeurs n'ont pas eu en vue les propriétés thérapeutiques et par conséquent il n'y avait pas d'arrangement pour soigner les malades[1].»

On voit de temps à autre un hôtel s'élever grâce aux largesses de quelque vizir généreux, mais on ne fait rien pour l'aménagement des bains. Il serait donc difficile d'établir les indications thérapeutiques actuelles. Je dirai plus, il y a beaucoup de contre-indications. Car si le bain turc est un stimulant, un tonique pour certaines constitutions, il devient dangereux pour d'autres états pathologiques qui se trouveraient bien d'eaux minérales similaires, mais bien aménagées.

Le docteur Dickson, médecin de l'ambassade anglaise à Constantinople, un des hommes des plus érudits et des plus aimables que j'aie rencontrés en Orient, a publié ses impressions sur Brousse.

Selon lui, le mois de mai est le plus favorable à la cure de Brousse. Dès juin, la haute température et l'humidité du sol peuvent produire des miasmes.

Les eaux de Brousse sont utiles dans les diverses formes de rhumatisme, dans les engorgements ganglionnaires, dans les affections cutanées. D'après Dickson encore, le peu de ressources thérapeutiques est dû au manque d'aménagement, de confort, de bonne nourriture, à la manière primitive dont les eaux sont appliquées.

Aussi réclame-t-il :

1° Une canalisation conforme aux règles de l'hygiène;

______

[1] *Les Bains de Brousse*, par Rozycki (p. 25).

2° Une bonne nourriture;

3° La présence d'un médecin spécialement attaché aux bains et pouvant diriger les malades.

Suivant le médecin anglais, l'eau potable contenant trop de matières organiques est dangereuse pour la consommation.

J'ai eu l'avantage de causer souvent de ce sujet avec le docteur Dickson et je ne partage pas complètement son pessimisme que j'attribue aux efforts d'une longue existence consacrée à améliorer bien des choses en Orient; efforts rendus vains par l'inertie et la nonchalance du peuple turc, comme aussi, il faut bien le dire, par le peu d'intérêt que prennent à l'étranger les représentants de nos grandes puissances.

Pour ma part, la première nécessité est de construire un établissement où les deux sexes puissent prendre des bains [1] à toute heure du jour et suivant les convenances et usages musulmans où le bain turc (hammam) ne sera qu'un accessoire et un agrément pour les gens bien portants.

Le gouvernement et les propriétaires doivent s'entendre pour établir un périmètre de protection. Le captage de toutes les sources doit être refait. On devra établir de grands réservoirs pour réfrigérer l'eau et pour avoir des bains d'eau minérale pure.

La vapeur, si utile dans bien des affections, devra être concentrée et disposée de manière qu'on puisse prendre des bains généraux de vapeur ou localisés pour des affections locales.

On aura alors un vaste champ thérapeutique; tandis qu'à cette heure on envoie à Brousse seulement les rhumatisants et les personnes affectées de maladies de la peau.

Que d'autre part le gouvernement répare bien vite la faute (pour ne pas dire le crime) de la société qui a installé un chemin de fer impraticable entre Moudania et Brousse. 40 kilomètres de voie ferrée avec des ponts, des aqueducs, des travaux d'art et de tout genre ont été achevés. Mais on n'a jamais ni pu ni voulu s'en servir.

En une heure on se rendra de la mer à Brousse. Les Turcs se décideront peut-être à doubler la vitesse de leurs bateaux. Brousse et la capitale de l'Orient seront ainsi reliées par quatre ou cinq heures du voyage le plus féerique sur la mer de Marmara dans les vallées si riantes de l'Asie.

Ce coin de terre sera pendant neuf mois le rendez-vous de toutes les natures délicates et de toutes les grandes fortunes de l'Asie et de la Turquie d'Europe.

Le sultan Abd-el-Hamid Khan II est un prince ami du progrès et désireux d'utiliser toutes les richesses de son empire. Il aidera de tout son pouvoir toutes les initiatives privées qui apporteront le bien-être et l'aisance dans cette province. Déjà nous avons trouvé à l'hôtel Belle-Vue, près des bains, un confortable plus que suffisant pour les baigneurs.

Rendre le chemin de fer praticable, construire un établissement de bains, de douches, de bains de vapeurs, etc., et l'on aura bien vite enrichi ce pays dont

[1] Quelques-uns des bains à Brousse ne sont ouverts aux femmes qu'une fois par semaine. L'anémie de la femme turque ne la préserve pas cependant des maladies qui se jugent par une balnéothérapie appropriée.

la magnificence et la fertilité ne sauraient être comparées qu'à celles de la province de Grenade.

Je regrette de ne pouvoir donner une idée du bazar de Brousse et de ses mosquées, si nombreuses et si imposantes, depuis la mosquée verte de Mahomet II jusqu'à la Mouradie (du sultan Mourad II) où reposent bien des membres de la famille impériale, entre autres le sultan Dejem qui fut emprisonné à Chambéry, puis à Nice de 1483 à 1489 par le grand maître de Rhodes. Mais ces pérégrinations sortent de mon rôle.

Je ne citerai qu'en passant les eaux de Corou également sur la côte d'Asie plus rapprochée de Constantinople. Ces eaux sulfureuses sont abondantes et d'une température élevée. On se rend à Jalawa en quatre heures de bateau, puis on avance dans les terres sur un parcours de 25 kilomètres. La route n'est pas sûre et il n'y a pas encore d'installation à la source.

Dans la même région et non loin de la côte d'Asie, on rencontre dans l'île de Mitylène (Lesbos des anciens) le petit port de Thermies, ainsi appelé à cause des eaux chaudes qui y sont très abondantes et qui furent très en vogue sous la domination romaine.

Sources de Lidjia.

Sur la pente de la presqu'île qui s'étend de Smyrne à la mer en face de l'île de Chio on découvre Lidjia dont les sources thermales ont une grande réputation en Turquie d'Europe et en Asie.

Nous y avons trouvé en janvier la température et le soleil des stations les plus privilégiées de la Méditerranée. Malgré cela, Lidjia n'est fréquenté qu'en été et seulement depuis une vingtaine d'années. Sans avoir suivi la progression de certaines stations d'Occident, Lidjia est de toutes les stations orientales la seule qui tende à s'agrandir. On peut s'y rendre en huit heures depuis Smyrne et en une heure depuis Chio. Lidjia m'a paru pouvoir être aussi bien une station hivernale qu'une station balnéaire. Le gouvernement, qui est propriétaire des eaux, pourrait donc tirer un double parti des dépenses qu'il doit faire pour la création d'un établissement et pour l'installation d'un hôtel convenable. Car les trois ou quatre bains existants ne peuvent suffire à aucune indication médicale.

Comme Brousse, Lidjia possède six à sept sources thermales, chlorurées, iodiques, dont la température diffère.

Le professeur Bonkowski-bey nous a gracieusement remis l'analyse qu'il a faite de ces eaux.

Les bains de boue n'ont jamais mieux mérité leur nom qu'à l'étang de Lidjia, car ils contiennent toute espèce de détritus mêlés à la glairine et à la barégine qui sont les éléments actifs et bienfaisants des bains de boue.

Le docteur Collaro a publié sur les eaux sulfuro-salines de Lidjia une monographie très complète et fort intéressante. Pour lui, les indications thérapeutiques de ces eaux sont : les affections rhumatismales, scrofuleuses, cachectiques, la chlorose, les maladies des organes de la digestion, des organes génitaux urinaires, les dermatoses, les affections du système nerveux, enfin quelques affections chirurgicales. C'est là un bien vaste cadre, trop vaste peut-être surtout sans l'appui d'observations cliniques. Sans croire qu'elles puissent réussir dans une aussi grande variété pathologique, nous sommes

TABLEAU COMPARATIF COMPRENANT LES DIVERSES SUBSTANCES FIXES ET GAZEUSES CONTENUES DANS UN LITRE DE CHACUNE DES EAUX MINÉRALES DE LIDJIA, PRÈS TCHESMÉ.

	FONTAINE THERMALE.	BAIN PUBLIC dit D'ALI-AGHA.	GRAND BAIN de HASSAN-AGHA.	PETIT BAIN de HASSAN-AGHA.	GRANDE SOURCE.	ÉTANG D'EAU CHAUDE.	SOURCES DE SIPHINA.
Température......................	48 degrés.	48 degrés.	5o degrés.	53 degrés.	57 degrés.	39 degrés.	4o degrés.
Poids spécifiques pris à 15° cent...............	1,0154	1,0143	1,0154	1,0149	1,0135	1,0134	1,0135
Gaz acide carbonique libre....................	23^{cc},0	45^{cc},0	24^{cc},6	31^{cc}.0	38^{cc},2	34^{cc},5	27^{cc},5
— azote......................	19 ,5	5o ,1	9 ,o	44 ,2	43 ,6	4o ,5	85 ,8
— acide sulfhydrique libre...................	o ,o	traces.	o ,o	o ,o	traces.	o ,o	o ,o
Totaux des matières gazeuses......	42 ,5	95 ,1	33 ,6	75 ,2	81 ,8	75 ,0	63 ,8
Chlorure de sodium	13^{gr},956	13^{gr},605	14^{gr},045	16^{gr},865	15^{gr},325	14^{gr},63o	14^{gr},855
— de calcium	1 ,65o	1 ,728	1 ,455	1 ,702	1 ,362	1 ,43o	1 ,346
— de magnésium...................	2 ,o3o	1 ,34o	2 ,oo8	1 ,36o	1 ,58o	1 ,6o5	1 ,4o5
Sulfate de soude	1 ,007	o ,834	1 ,o3o	o ,905	o ,83o	o ,745	1 ,oo8
— de chaux	o .885	o ,876	1 ,866	o ,925	o ,928	o ,85o	o ,984
— de magnésie..................	o ,890	o ,65o	o ,785	o ,714	o ,990	o ,909	o ,948
Phosphate de soude..................	o ,075	o ,05o	o ,070	o ,076	o ,065	o ,070	o ,072
Bicarbonate de chaux...................	1 ,005	1 ,o3o	o ,85o	1 ,1o8	1 ,2o3	o ,925	o ,9o3
Silice............................	o ,o42	o ,o62	o ,045	o ,095	o ,095	o ,1o6	o ,065
Alumine......................	o ,o25	o ,o25	o ,o18	o ,o32	o ,o45	o ,o4o	o ,o3o
Matières organiques bitumineuses................	o ,oo8	o ,oo7	o ,oo7	o ,oo8	o ,oo8	o ,o16	o ,oo6
Strontiane........................	traces sensibles.	traces sensibles.	traces sensibles.	traces sensibles.	traces sensibles.	traces sensibles.	traces sensibles.
Lithine..........................	traces à peine sensibles.	"	traces à peine sensibles.	traces à peine sensibles.	traces à peine sensibles.	traces à peine sensibles.	"
Iodure et bromure de sodium.................	Idem.	traces à peine sensibles.	Idem.	Idem.	Idem.	Idem.	traces à peine sensibles.
Totaux des matières fixes.........	21 ,573	2o ,2o7	22 ,179	33 ,79o	22 ,426	21 ,326	21 ,097

convaincu que leur richesse chimique, leur quantité et leur variété thermale doivent attirer au plus tôt l'attention du Gouvernement ottoman. Lidjia pourrait ainsi apporter à cette contrée la prospérité des îles qui l'entourent et qui sont si justement appelées *îles fortunées*.

III. — GRÈCE.

Les eaux minérales de la Grèce étaient à peine connues en Europe quand Cordolla, ingénieur des mines, publia pour l'exposition de 1878 son catalogue géologique et minéralogique. Ce travail, très bien fait au point de vue minéralogique, ne pouvait répondre en rien au point de vue thérapeutique, car la plupart de ces eaux, quoique merveilleuses, sont inaccessibles et dépourvues de toute installation.

Depuis lors un des médecins les plus érudits d'Athènes, qui a laissé les meilleurs souvenirs à l'école de Paris, a publié dans le dictionnaire de Dechambre un travail des plus complets sur la Grèce. Il est à regretter que ce volume, quoique très scientifique, ne soit pas dans les mains de tout voyageur débarquant en Grèce. C'est l'étude la plus exacte, la plus minutieuse, mais aussi la plus intéressante de la Grèce moderne. On retrouve à chaque page cet enthousiasme national qui, chez le docteur Stéphanos, ne nuit point à la plus parfaite véracité.

Je n'ai cru mieux faire que d'exposer dans un tableau spécial reproduit ci-après toutes les eaux minérales de la Grèce dignes d'intérêt.

La plupart de ces sources sont dues aux foyers volcaniques nombreux dans les montagnes de la Grèce.

Le jour viendra où ces sources seront une cause de prospérité pour ce pays si intéressant. Nous n'avons visité que peu de ces stations, car il faudrait des années pour faire une étude complète sur les eaux minérales de la Grèce. La plupart sont dans des îles plus ou moins éloignées et inabordables. Je citerai en passant les eaux sulfureuses de Théra, de Zante, les eaux alcalines d'Andros, de Santorin, etc.

Pour des études plus détaillées, on n'a qu'à consulter l'ouvrage de Cordolla publié pour l'exposition de 1878 (*Imprimerie Parent, à Paris*).

M. Cordolla a étudié une quarantaine de sources minérales en Grèce. La plupart sont thermales et sulfureuses. Plusieurs étaient connues par les anciens. Quelques-unes sont encore en vogue aujourd'hui. Mais il faudra attendre encore plusieurs années avant que le gouvernement ait pu périmétrer les sources et construire des établissements appropriés à la thérapeutique moderne.

ANNEXE.

TABLEAU

DES SOURCES MINÉRALES DE LA GRÈCE.

SOURCES MINÉRALES DE LA GRÈCE.

NOMS DES SOURCES.	DÉPARTEMENTS.	CANTONS.	COMPOSITION CHIMIQUE.	APPLICATIONS THÉRAPEUTIQUES.	OBSERVATIONS.	ANALYSES.
Kythnos (Eaux thermales de).	Cyclades (Îles)	Kéo	1° Source de Cacavo. Température : 50° à 55°. D'après Liebig, ces eaux sont très riches en sels : chlorure de potassium, calcium, sodium, magnésium ; en bromures et iodures de sodium. 2° Source Sainte-Anargyres. Température : 40°. Sulfureuses.	Employées contre les affections cutanées, les rhumatismes, la scrofule, les arthrites, les paralysies.	La saison commence en avril pour finir en septembre. On y emploie les bains et les douches chaque année. Près de 900 malades visitent cet établissement.	Analysées par MM. Liebig et Collaro.
Ædipsos	Négrepont, sur la côte de l'île d'Eubée.	Xerokorion (Îles)	Huit sources variant entre 24° et 70°. Les plus chaudes de la Grèce, iodurées et bromurées.	Contre le rhumatisme articulaire, les ictères, les catarrhes de l'estomac, les affections cutanées, la scrofule. Très fréquentées à l'époque romaine. D'après Plutarque, Sylla prenait ces bains pour sa goutte.	Ressemblent aux eaux de Kissingen, de Hambourg et de Kreutznach. Les bains de boue sont employés. L'établissement reçoit 400 ou 500 malades de mai au 1er septembre.	Analysées par MM. Jahn, Landerer et Miaoulis.
Banni	Attique	Attique, au pied du mont Hymette.	Chlorurées sodiques. Température : 23° à 30°.	Catarrhes chroniques	Pas d'établissement	Analysées par M. Chrystomances.
Hermione	Argolide et Corinthie.	Péloponèse	Calcium, carbonates de sonde et de chaux, chlorure de sodium, carbonate de magnésium, sulfate de soude, acide carbonique.	Purgatives et contre la gravelle et les dyspepsies.	C'est là que s'élevait le temple d'Esculape d'Haly.	Analysées par M. Landerer.
Mito	Cyclades (Îles)	Milo (Île)	Thermales, gazeuses et sulfureuses. Variant entre 28° et 70°. Sources de Loutro. — de Provata. — de Vani. — de Pabochori. — de Calamo, etc.	Rhumatismes et syphilis	Citées par Hippocrate lui-même contre la gale. Étaient utilisées dans l'antiquité comme bains de vapeur. Rien d'intéressant comme les crevasses du sol remplies de soufre. A Lalangada, il y a une grotte du Chien comme à Naples.	Analysées par M. Cordella.
Kyllène	Péloponèse	En face de Zante	Sulfureuses. Deux sources : une de 25° à 26° ; l'autre de 29°. — Limpides ; sentent fortement l'acide sulfhydrique.	Comme les eaux des Pyrénées, d'Allevard et de Marlioz. Contre les catarrhes des bronches, les cystites, les affections rhumatismales, les scrofules et la syphilis.	Déposent du bitume	Analysées par MM. Chrystomances et Jahn.
Kaïapha	Idem	Hyparissia	Sulfureuses. Température : 32°.	Affections cutanées et rhumatismes.	Établissement. Au début, la fable prétend que les centaures s'y guérissaient de leurs blessures.	Analysées par M. Jahn.
Cascunéas	Idem	Corinthe	Salines. Température : 13°.		Établissement peu fréquenté	Analysées par M. Jahn et par un chimiste de l'hôpital de la Pitié.

SOURCES MINÉRALES DE LA GRÈCE. (Suite.)

NOMS DES SOURCES.	DÉPARTEMENTS.	CANTONS.	COMPOSITION CHIMIQUE.	APPLICATIONS THÉRAPEUTIQUES.	OBSERVATIONS.	ANALYSES.
Loutraki	Péloponèse	»	Chlorurées iodiques. Température : 31°.	»	»	Analysées par M. Jahn et par un chimiste de l'hôpital de la Pitié.
Méthana	Idem	Presqu'île de Méthana.	Sulfureuses. Température : 27°.	Connues deux cent vingt-cinq ans avant l'ère chrétienne. On les emploie contre les catarrhes, les bronchites, les rhumatismes.	»	Analysées par MM. Landerer et Jahn.
Fontaine d'Esculape	Idem	Entre Nauplie et Épidaure.	Température : 19°. Contient du chlorure de sodium, du carbonate de chaux et de l'acide carbonique.	Purgatives, légèrement salines...	Découvertes sur les ruines du temple d'Esculape et d'Hygie.	»
Épidaure	Idem	Épidaure	Sulfate de magnésie, de soude, carbonate de chaux. Température : 15°.	Purgatives.	»	»
Calaúria	Idem	Paros.	Température : 16°. Sulfatées....	Digestives et purgatives.	»	»
Mousti	Idem	Argos	Source salée	Digestives et purgatives.	»	»
Gythion	Idem	Marathonin	Sulfureuses froides	»	»	»
Mouzaki	Idem	Cactanitza, sur le mont Taygète.	Sources très froides	Maladies du foie et de la rate. On les compare aux eaux d'Évian (Savoie).	Climat exceptionnel, Lieu de réunion en été.	»
Skillus	Idem	Olympie	Sulfureuses	»	Au milieu d'une forêt de sapins.	»
Hypaté	Grèce continentale	Chaïle	Température : 30°. Sulfureuses très acidulées.	Affections cutanées ulcérées, goutte invétérée, syphilis, maladies des voies urinaires.	Jaillissent à 20 mètres au-dessus de la terre. Une grande citerne à ciel ouvert sert de piscine. Établissement : 200 à 300 malades.	Analysées par MM. Jahn, Landerer et Wurlisch.
Thermopyles	Idem	Golfe de Lamia.	Sulfureuses. Température : 39° à 40°.	Affections cutanées, rhumatismes, syphilis.	Appelées par les anciens bassins d'Hercule.	Idem.
Vonitza	Idem	Arcanie	Chlorurées iodiques	Peu employées.	»	Analysées par M. Landerer.